AF554658

N°. I.

SUR QUELQUES ERREURS DE M. MARMONTEL RELATIVES A M. TURGOT.

LETTRES adressées aux Auteurs du Publiciste, du Journal de Paris et du Journal du Commerce,

PAR DU PONT DE NEMOURS.

A PARIS,

Chez DELANCE, Imprimeur-Libraire, rue des Mathurins, hôtel Cluny.

AN XIII.

PREMIÈRE LETTRE.

22 Nivose An 13.

MESSIEURS,

Quand un Auteur respectable, contemporain, Historiographe, qui vivait dans la meilleure compagnie, qui était ami de la pluspart des personnages illustres dont il parle, se trompe néanmoins, et fait une assertion *fausse*, relativement à des opérations publiques et à des matières qui ont le plus grand intérêt national, c'est un devoir rigoureux que de relever son erreur.

Je lis, dans le 5me. tome des Mémoires de M. Marmontel, page 297 : « Lorsque *Turgot* » donna sa loi en faveur de la libre exportation » des grains, non-seulement de *Province* à *Province*, mais AU-DEHORS ET DANS TOUS LES » TEMS, etc. »

M. *Turgot* a proposé au Roi, le 13 septembre 1774, un Arrêt du Conseil parfaitement motivé, en vertu duquel la liberté du commerce des grains fut établie, de *Province* à *Province*, ce qu'un Académicien français ne doit pas appeller *exportation*. — M. Turgot, ~~ni le~~ Roi Louis XVI, n'ont jamais donné *aucune loi* pour étendre cette liberté AU-DEHORS ET DANS TOUS LES TEMS.

Il est vrai que M. *Turgot* était convaincu que, surtout dans un grand État, la liberté du commerce au-dehors ne peut pas avoir plus d'inconvéniens qu'au-dedans;

Que les exportations de grains sont toujours limitées par le nombre des vaisseaux et des autres voitures, ainsi que par la faiblesse des capitaux; et toujours naturellement arrêtées par le haussement des prix avant de devenir excessives;

Que la Nation dont le commerce des grains est libre, est toujours la plus assurée de sa subsistance, parce que la certitude du débit encourage et améliore son agriculture, dont les travaux se proportionnent d'eux-mêmes aux débouchés que leurs produits peuvent avoir; et que ses magasins se forment, s'emplissent, sont soignés dans l'espoir de vendre au-dehors: de sorte que sa manufacture de blé, devenant florissante, et ses moyens de conservation étant perfectionnés, elle n'a jamais besoin d'invoquer le secours de ses voisins, et trouve au premier renchérissement, son approvisionnement intérieur augmenté de tout ce qui avait été destiné au commerce étranger;

Enfin, qu'elle a toujours pour la consommation de ses citoyens, ses grains à meilleur marché que tous les autres peuples, de toute la valeur des frais de voiture et d'assurance.

Au lieu qu'une Nation, qui sait qu'elle ne jouira pas de la liberté du commerce avec l'Étranger, ne cultive de grains qu'en raison du débit que peut lui offrir, année moyenne, la consommation intérieure; et que lorsque la récolte se trouve au-dessous du produit moyen, cette Nation qui a restreint sa culture, éprouve nécessairement la disette, quelque fois la disette irremédiable; car ce qu'une grande Nation peut faire venir du dehors ne saurait être d'une importance réelle. — Les plus forts approvisionnemens que la France ait tirés de l'Étranger, dans les tems de famine, n'ont jamais excédé trois jours et demi de sa subsistance. — Une amélioration d'un douzième seulement dans sa culture lui donnerait avec sûreté la subsistance d'un mois dans les mauvaises années; *cent cinquante millions* à vendre dans les moyennes.

Mais M. *Turgot*, qui savait tout cela mieux que personne, savait aussi que les progrès de la raison doivent précéder ceux de la législation, et que les Gouvernemens ont à ménager les préjugés enracinés, l'opinion publique mal éclairée. Il s'est hâté de donner la liberté de *Province* à *Province* pour ranimer l'agriculture. Il attendait le succès de celle-ci, et que les lumières sur le véritable intérêt de la Nation fussent devenues plus générales, pour s'occuper efficacement de la liberté extérieure.

C'est contre la liberté *de Province* à *Province* qui ne pouvait qu'égaliser les prix et répartir raisonnablement les subsistances entre tous les Français, que, pour renverser ce Ministre dont les mauvais citoyens haïssaient la vertu, craignaient le courage, des intrigans de Cour et de Ville ont fomenté et organisé une sédition, ont avancé des sommes considérables, ont donné douze francs par tête à un grand nombre de ceux qu'ils mirent en mouvement, beaucoup plus aux chefs; ont fait imprimer de faux Arrêts du Conseil, qui ordonnaient de délivrer à douze francs le septier de blé, qui en valait vingt-quatre, ce qui n'était pas une cherté; ont fait fabriquer du pain mêlé de seigle et de cendre pour persuader au peuple que c'était là ce dont M. Turgot voulait qu'il fut nourri.

La preuve de tous ces faits a été complettement donnée au Roi, quoi qu'en dise M. Marmontel à la page 292. Mais la modération de ce Prince, la prudence de M. Turgot, la faiblesse, et peut-être déjà la jalousie de M. de Maurepas, l'impossibilité morale de punir un coupable de haut rang, qui avait consenti à se mettre à la tête de cette conspiration, l'injustice et la difficulté d'atteindre ses principaux coopérateurs sans le rencontrer, ont empêché de rendre public ce que le Roi, le premier Ministre et un petit nombre d'autres personnes savaient sur toutes les parties de cette œuvre d'iniquité, sur ses auteurs, sur leurs complices.

Il n'est pas vrai que ce soit le défaut de preuves à cet égard qui ait occasionné la disgrâce de M. Turgot. Il est constant que c'est depuis qu'il a réprimé et démasqué cette sédition, qu'il a joui du plus grand crédit, qu'il a fait appeller au Ministère son ami le plus intime et son émule M. de Malesherbes, dont il est étonnant qu'un Historiographe de France passe sous silence tous les travaux; que sur la réputation militaire de M. de Saint-Germain, il l'a tiré de sa retraite d'Alsace, et a engagé le Roi à le faire entrer au Conseil : choix moins heureux, mais qui dans les circonstances paraissait sage, était honorable; qu'il a supprimé la corvée des chemins et celle pour le passage des troupes, la pluspart des banalités, tous les droits de péage et de halle sur les grains, et quant à la viande, l'impôt usuraire de la caisse de Poissy; qu'il a établi la liberté du commerce des vins par toutes les rivières affluentes à la Gironde, qui jusqu'à lui en avaient été privées; qu'il a rendu celle du travail à tous les hommes, à tous les genres d'honnête industrie.

Il a fallu encore un an de manœuvres secrètes, dont quelques-unes d'une persévérance et d'une noirceur abominables, pour obtenir le renvoi du Ministre qui aurait fait le bonheur de la France, et assuré au Roi, dont il était aimé, la gloire que méritaient la droiture des intentions, et les vertus personnelles de ce Monarque, homme de bien.

J'ai une autre erreur historique de M. Marmontel à remarquer. Elle sera le sujet d'une seconde lettre.

SECONDE LETTRE.

6 Pluviose An 13.

MESSIEURS,

La seconde erreur de M. Marmontel, que je suis obligé de relever, paraît beaucoup plus excusable que la première, parce qu'elle ne touche pas à un fait aussi simple et aussi facile à vérifier. Elle est par cela même plus importante : elle peut nuire davantage. — Il s'agit de savoir en quoi l'administration de M. *Turgot* a été profitable aux finances, proprement ainsi nommées ? en quel état il les a laissées à ses successeurs ? quelles ont été, quelles ont dû être pour la France, les conséquences de cet état ?

L'histoire des finances est un des principaux élémens de celle des Nations ; et c'est celui que les Historiens qui ne sont qu'hommes de lettres, négligent le plus. A quelque point qu'ils soient honnêtes gens, la pluspart d'entre eux redoutent encore plus l'ennui qu'ils n'aiment la vérité.

M. Marmontel avait de la vertu ; mais il ne pouvait supporter les calculs. Dans la circonstance dont il s'agit, il n'en a recherché ni examiné aucun ; et il semble avoir été influencé par le désir, peut-être ignoré de lui-même, de relever une époque aux dépens d'une autre.

S'il se fut avoué ce désir secret, il n'y aurait pas cédé. Il n'aurait pas voulu être, ni paraître partial : il aurait craint d'être maladroit et de déplaire à ceux qu'il aurait préféré d'obliger. En effet, les hommes qui aiment la gloire, et qui la méritent, sont contens de leur lot ; ils n'approuvent point que leurs amis même cherchent à leur attribuer celle d'autrui.

M. Marmontel dit à la page 298 de son troisième volume que « M. de Clugny avait laissé » dans les finances *un déficit* ANNUEL *de vingt-* » *quatre millions ;* qu'en ce tems-là ce *vide* pa- » raissait *énorme ;* qu'il *fallait le remplir.* » Quoiqu'il n'y ait que M. de Clugny de nommé dans ce passage, on reconnaît trop aisément, par ce qui précède et par ce qui suit, qu'il est dirigé contre M. Turgot.

Voici ce qui le prouve :

M. de Clugny, dont le ministère n'a duré que quelques mois, n'a fait que trois opérations.

La première, l'*établissement de la Loterie*, auquel M. Turgot s'était opposé de toutes les forces de sa raison et de son courage, quoiqu'il dût en résulter pour les finances une recette annuelle de *sept millions.*

La seconde, le *rétablissement*, un peu mitigé, *des Jurandes*, qui, en gênant et rançonnant l'industrie, procurait encore *quelques petits émolumens* au fisc.

La troisième, le *rétablissement des Corvées*, qui retranchait *dix millions* du projet de dépenses arrêté par M. Turgot.

Pour qu'il existât *un déficit* ANNUEL *de vingt-quatre millions* à la mort de M. de Clugny, qui avait ainsi augmenté la recette de *sept millions* par un impôt désastreux, mais productif, et diminué la dépense en argent de *dix millions*, en rejettant sur le peuple un travail en nature qui en coûtait *quarante* aux cultivateurs, il aurait donc fallu que M. Turgot eut laissé les finances embarrassées d'un déficit de *quarante millions*. On pourrait le croire sur la foi de l'Historiographe de France; et l'on en inférerait volontiers que ce Ministre, si justement célèbre par la sagesse et l'élévation de ses vues sur la législation, par sa haute capacité comme homme d'État, n'était pas dans la pratique un Financier du premier ordre. Pour soutenir cette opinion très-injuste, on s'appuierait de ce que M. Marmontel dit à la page 288 avoir été avancé à ce sujet par M. de Maurepas, et sur ce qu'il ajoute de lui-même à la page 290 : « qu'on trouvait que M. Turgot traitait en mala-

» die chronique l'épuisement et la ruine des finan-
» ces et du crédit. » Enfin sur ces paroles, non plus *en ouï dire*, mais affirmatives de la part de l'Historien : « La sagesse de son régime, ses moyens
» d'administration, les encouragemens et les sou-
» lagemens qu'il donnait à l'agriculture, la liberté
» rendue au commerce et à l'industrie, ne pro-
» mettaient que des *succès lents*, et que des *res-*
» *sources tardives, lorsqu'il y avait des besoins*
» *urgens auxquels il fallait subvenir.*

Qui ne croirait, en lisant cela, que M. Turgot n'avait pas *subvenu aux besoins urgens?* qu'il avait laissé dans les finances *un déficit énorme.*

Eh bien ! M. Turgot avait fait honneur à tout, avait pourvu à tout, et à tout long-tems d'avance. Il ne s'était pas borné à faire les fonds de 1775 et 1776 ; il avait dès le moi de mai de cette année, préparé et assuré ceux de 1777. Il n'avait pas restreint les paiemens à ce qui était nécessaire pour ne point manquer à la foi promise ; il les avait étendus à ce qui était honorable et désirable, pour mériter au Roi la reconnaissance du peuple.

Quatre années des pensions étaient arriérées. Il en a fait acquitter deux à la fois à tous les pensionnaires qui étaient dans l'indigence ; et cette opération continuée pendant les deux années qu'a embrassé son ministère, a remis cette partie sacrée des pensions au courant.

Il a remboursé les capitaux de toutes les petites rentes qui, proportionnellement à leur valeur, coûtaient aux propriétaires de trop gros frais de recouvrement.

Il a payé *vingt-quatre millions* de la dette exigible arriérée, quoiqu'il ait toujours été trop ordinaire de regarder l'*arriéré* comme n'étant plus *exigible.* Il a remboursé *cinquante millions* de la dette constituée, et *vingt-huit millions* d'anticipations.

Il n'a emprunté que *dix millions ;* il a donc diminué de *quatre-vingt-douze millions* les dettes de l'État.

Il ne l'a point fait en mettant des impositions nouvelles; mais en supprimant vingt-trois espèces de droits ou d'impôts sur des travaux nécessaires, ou sur des consommations utiles, ou sur des récompenses méritées.

Il a subvenu aux dépenses extraordinaires du sacre du Roi, du mariage de Madame Clotilde, de la naissance d'un Prince; à celle d'une affreuse épizootie; à celles qu'a occasionné la sédition.

Les recettes ordinaires de l'année 1775 avaient laissé sur la dépense prévue, y compris, il est vrai, les remboursemens anciennement promis, un déficit de *dix-neuf millions*, et celles de 1776 en annonçaient un de *dix-sept.* Il les avait couverts l'un et l'autre. Ses successeurs, qui ont fini la dernière de ces deux années, n'ont eu à chercher pour elles aucune ressource; les fonds en étaient faits. Ils n'ont eu pour l'année 1777, comme le suppose M. Marmontel, aucun cahos à débrouiller; le cours des choses, et les mesures prises par M. Turgot, assuraient au service de cette année un excédent clair et net de *trois millions six cent mille livres* au-delà des fonds consacrés à *vingt-cinq millions* de remboursement.

Quelques personnes, à commencer par M. de Maurepas, ont insinué dans le tems, ont voulu persuader, que M. Turgot laissait, ou avait laissé les finances *en déficit*. Nul n'avait ôsé l'affirmer positivement avant M. Marmontel, qui n'en savait rien du tout: simple *porte-voix* dans cette affaire, il a augmenté le son.

Pour donner quelque vraisemblance à ce bruit, qu'on ne hasardait néanmoins qu'avec des restrictions prudentes, on partait du tableau des recettes et des dépenses, rédigé au commencement de 1776, année pour laquelle les revenus ordinaires ne suffisaient pas aux remboursemens: ce qui constituait un déficit; et d'abord on ne disait pas que M. Turgot l'avait comblé. Ensuite on appliquait ce tableau à l'année 1777, où néanmoins le déficit devait nécessairement cesser sans aucune opération nouvelle, et ou l'excédent commençait. Puis on se permettait d'avancer, comme le fait M. Marmontel, qu'*à moins d'un remède efficace*, le déficit aurait été *annuel ;* qu'il aurait peut-être été de *vingt-quatre millions.* — Il avait fallu dire tout cela en secret, et l'ajouter à beaucoup d'autres intrigues, pour engager le Roi à retirer sa confiance et son porte-feuille au Ministre qu'on voulait éloigner. Il fallait le répéter avec une apparente modération en public, pour justifier ou pour excuser la disgrâce d'un tel homme.

Mais loin qu'il en fut ainsi, l'excédent de plus de *trois millions et demi*, qui était dès 1777 l'heureux fruit de l'administration de M. Turgot, devait dans les trois années suivantes, s'accroître encore de *vingt-deux millions* par la cessation de plusieurs paiemens entièrement soldés, par l'extinction des rentes viagères et de la moitié des pensions ; car il était arrêté qu'on n'accorderait de nouvelles pensions que pour la moitié de la somme que le décès des pensionnaires aurait libéré ; enfin par le profit de l'intérêt des capitaux remboursés.

M. Turgot avait-il négligé le crédit? Non. — Bien payer, et plus vite que les créanciers ne s'y attendaient, est le moyen de l'accroître. Aussi lors de son entrée au Ministère, l'intérêt était à cinq et demi ; et dans les deux mois qui précédèrent sa disgrâce, tous les Capitalistes de l'Europe lui offraient des fonds à *quatre pour cent.* Il en avait accepté *soixante millions* qui devaient être fournis par des Hollandais, et qui lui paraissaient suffisans pour commencer à rembourser et à reconstituer à quatre pour cent la dette perpétuelle : ce qui aurait beaucoup accru l'excédent, indépendamment de celui déjà certain de *trois millions six cent mille livres* pour 1777, et de celui de *vingt-cinq millions* que la marche nécessaire des extinctions et l'effet des remboursemens dont les fonds n'étaient pas douteux, garantissaient en 1780 pour 1781.

Cette belle opération d'un emprunt de soixante millions à quatre pour cent, et à long terme, due à la confiance que M. Turgot inspirait, a précipité sa retraite. Le premier Ministre craignit que lorsqu'elle serait conclue, le Contrôleur-général ne devint trop difficile à renvoyer. Il se flatta que l'emprunt dont les conditions étaient convenues, se ferait de même, quand il n'y aurait de changé dans le Gouvernement français qu'un seul Ministre. Il y comptait, pour donner, par l'abondance de l'argent, un grand éclat au nouveau Ministère ; mais à l'avènement de M. de Clugny, les prêteurs se dédirent.

La démonstration de ces faits, le détail complet de ce qui s'est passé en finances pendant le Ministère de M. Turgot, le calcul de ce que devaient nécessairement produire, pour les années suivantes, les remboursemens dont il avait assuré les fonds, les extinctions qui en résultaient, et celles qui arrivaient d'elles-mêmes ; la preuve que, s'il n'y avait point eu de guerre, on n'aurait eu besoin d'aucune habileté pour être son successeur (ce qui n'ôte rien à la gloire de celui par qui la guerre a été soutenue); la preuve même que la plus forte partie des emprunts qu'elle a pu exiger ont été faits sur le gage des *vingt-cinq millions* de revenu qu'il avait ou libérés, ou laissés dans la certitude d'être libérés en quatre années au profit de l'État; tous ces points curieux de l'Histoire des finances remplissent la seconde partie des *Mémoires sur la vie et les ouvrages de M. Turgot*, publiés en 1781, par un Ecrivain exact, qui avait été honoré de sa confiance, et qui avait les comptes, tant généraux que particuliers, et les tableaux du Trésor royal sous les yeux. Ils n'ont pas été contredits, et ne pouvaient pas l'être; M. Marmontel les a connus. L'Auteur les a remis et recommandés à l'Historiographe ; mais il faut croire que cette masse de chiffres arides aura effrayé celui-ci, et qu'il n'aura pas pu prendre sur lui la peine de les lire.

Les opérations que M. Turgot avait préparées

pour l'avenir, dont il avait combiné les plans et disposé les matériaux, auraient été bien supérieures encore à ce qu'il a pu achever en vingt mois d'un Ministère constamment traversé, avec une autorité sans cesse contredite, toujours limitée par un premier Ministre jaloux. Leur développement serait plus touchant et plus beau. Je n'ai pu encore en tracer que l'esquisse : il ne tiendra pas à moi qu'elle ne soit terminée. N'ayant plus à mettre ses principes en action, ne pouvant plus que peindre ce grand homme, je léguerai sa mémoire à ceux qui pourront l'imiter.

On me pardonnera de n'en parler qu'avec émotion; la gloire de ma vie est d'avoir été plus à portée que personne de profiter de ses lumières. Elle est d'avoir joui de l'amitié généreuse dont il a daigné, pendant dix-huit ans, payer mon zèle respectueux. Je l'aimais pour lui-même et pour la patrie. J'aimais la patrie en lui.

Est-il surprenant que je sois affligé qu'un Historien par état, et d'ailleurs aussi recommandable que M. Marmontel, n'ait rendu justice qu'à sa vertu ?

www.ingramcontent.com/pod-product-compliance
Lightning Source LLC
LaVergne TN
LVHW020518230826
846091LV00008BA/3497

* 9 7 8 2 0 1 9 2 5 1 5 4 3 *